NUESTRAS COMUNIDADES

ERES PARTE DE LA COMUNIDAD MUNDIAL

THERESA EMMINIZER

Traducido por Cecilia González Godino

Gareth Stevens PUBLISHING

Please visit our website, www.garethstevens.com. For a free color catalog of all our high-quality books, call toll free 1-800-542-2595 or fax 1-877-542-2596.

Cataloging-in-Publication Data
Names: Emminizer, Theresa, author.
Title: Eres Parte de la Comunidad mundial / Theresa Emminizer.
Description: New York : Gareth Stevens, 2020 | Series: Nuestras Comunidades | Includes index.
Identifiers: LCCN 2019028458 | ISBN 9781538250112 (6 pack)| ISBN 9781538250105 (paperback) | ISBN 9781538250129 (library binding) | ISBN 9781538250136 (ebook)
Subjects: LCSH: Communities–Juvenile literature. | Cultural pluralism–Juvenile literature. | Citizenry–Juvenile literature.
Classification: LCC HM756 .E46 2019 | DDC 305.8–dc23
LC record available at https://lccn.loc.gov/2019028458

Published in 2020 by
Gareth Stevens Publishing
111 East 14th Street, Suite 349
New York, NY 10003

Translator: Cecilia González Godino
Editor, Spanish: Alberto Jiménez
Designer: Sarah Liddell
Editor: Theresa Emminizer

Photo credits: cover, p. 1 Hurst Photo/Shutterstock.com; background texture used throughout april70/Shutterstock.com; papercut texture used throughout Paladjai/Shutterstock.com; p. 5 Rawpixel.com/Shutterstock.com; pp. 7, 9 Robert Kneschke/Shutterstock.com; p. 11 Patrick Foto/Shutterstock.com; p. 13 Dmytro Zinkevych/Shutterstock.com; p. 15 Benjamin Clapp/Shutterstock.com; p. 17 Naypong Studio/Shutterstock.com; p. 19 135pixels/Shutterstock.com; p. 21 Samuel Borges Photography/Shutterstock.com.

Printed in the United States of America

CPSIA compliance information: Batch #CW20GS: For further information contact Gareth Stevens, New York, New York at 1-800-542-2595.

CONTENIDO

Las palabras del glosario se muestran en **negrita** la primera vez que aparecen en el texto.

Muchos países, un mundo

Hables inglés, chino o español, vivas en América, África o Asia, perteneces a la comunidad mundial. Todos los habitantes de la Tierra comparten el planeta y sus **recursos**. ¿Cómo podemos trabajar juntos, en comunidad?

Tu comunidad mundial

Una comunidad es un grupo de personas que viven y trabajan juntas. Los miembros de una comunidad comparten **objetivos**. ¿Cuáles son los objetivos de tu comunidad mundial? Todos necesitamos un mundo saludable en el que vivir, agua para beber y alimentos para comer.

Miembros de tu comunidad

Los miembros de la comunidad mundial deben trabajar juntos para cubrir sus necesidades y lograr sus objetivos. Los líderes mundiales, como el presidente del país, y los ciudadanos de a pie, como tú, tus amigos y vecinos, son parte de esta comunidad. Todos desempeñan un papel, un rol.

ARCTIC OCEAN
PACIFIC OCEAN
ATLANTIC OCEAN
UNITED STATES OF
KAMCHATKA
BERING SEA
HAWAII

¿Cuál es tu papel?

La Tierra es muy grande. Y quizá te preguntes cómo puedes marcar la diferencia; lo que digas y lo que hagas a diario tiene el poder de ayudar a que la comunidad mundial sea mejor para todos. Un mundo saludable empieza en tu propia actitud.

¿Cómo puedes ayudar?

Las personas producen mucha basura. ¿A dónde van esos residuos? Parte se **entierra** en el suelo y parte se vierte a los océanos. Esto es malo para el **medio ambiente** y perjudica a los animales. Puedes ayudar si disminuyes la cantidad de basura que generas y también si reciclas.

Ahorra electricidad

La **electricidad** se obtiene a veces mediante la quema de **combustibles fósiles**, lo que perjudica el medio ambiente. Si **reduces** el consumo eléctrico, ayudarás a disminuir la contaminación; apaga las luces y desenchufa los aparatos electrónicos cuando no los uses.

Ahorra agua

Muchas personas no tienen acceso al agua potable, es decir, a la que se puede beber. Para ayudar, **ahorra** agua. Toma duchas cortas y cierra el grifo mientras te cepillas los dientes. Incluso puedes recoger el agua de lluvia en un cubo, ¡te servirá para regar las plantas!

Comparte lo que tienes

Los bancos de alimentos son lugares donde se entrega comida a las personas más necesitadas. Puedes recoger productos envasados y donarlos -darlos- a un banco de alimentos. Pregunta a tus padres si en tu casa hay comida para compartir.

Todos somos vecinos

En la Tierra ¡hay más de 7 700 millones de personas! Todos formamos parte de la comunidad mundial. Juntos podemos lograr que la Tierra sea un lugar saludable y feliz. ¡El cambio empieza por ti! ¿Se te ocurren otras formas de colaborar?

GLOSARIO

ahorrar: consumir o gastar lo justo.

combustible fósil: materia que se forma tras millones de años a partir de restos de plantas y animales; se quema para generar energía.

electricidad: flujo de potencia eléctrica.

enterrar: colocar bajo tierra.

medio ambiente: mundo natural que nos rodea.

objetivo: fin que se desea conseguir.

recurso: elemento que se utiliza para satisfacer alguna necesidad.

reducir: disminuir, moderar.

PARA MÁS INFORMACIÓN

LIBROS

Boone, Mary. *I Can Care for Nature*. Mankato, MN: Capstone Press, 2019.

Nagle, Jeanne. *What Is a Community?* New York, NY: Britannica Educational Publishing, 2017.

SITIOS DE INTERNET

Britannica Kids

kids.britannica.com/kids/article/community/626292

Aprende qué significa formar parte de una comunidad.

Kids Go Global

kidsgoglobal.net/the-issues

Descubre los problemas de tu comunidad mundial y cómo ayudar a resolverlos.

Nota del editor a los educadores y padres: nuestro personal especializado ha revisado cuidadosamente estos sitios web para asegurarse de que son apropiados para los estudiantes. Sin embargo, muchos de ellos cambian con frecuencia, por lo que no podemos garantizar que contenidos que se suban a esas páginas posteriormente cumplan con nuestros estándares de calidad y valor educativo. Les recomendamos que hagan un seguimiento a los estudiantes cuando accedan a Internet.

ÍNDICE

PARA MÁS INFORMACIÓN

LIBROS

Machajewski, Sarah. *What Are State and Local Governments?* New York, NY: Britannica Educational Publishing, 2016.

Nagle, Jeanne. *What Is a Community?* New York, NY: Britannica Educational Publishing, 2018.

SITIOS DE INTERNET

Britannica Kids

kids.britannica.com/kids/article/community/626292

Aprende qué significa formar parte de una comunidad.

Ducksters Education Site

ducksters.com/history/us_state_and_local_governments.php

Descubre cómo funcionan el gobierno estatal y el local.

Nota del editor a los educadores y padres: nuestro personal especializado ha revisado cuidadosamente estos sitios web para asegurarse de que son apropiados para los estudiantes. Sin embargo, muchos de ellos cambian con frecuencia, por lo que no podemos garantizar que contenidos que se suban a esas páginas posteriormente cumplan con nuestros estándares de calidad y valor educativo. Les recomendamos que hagan un seguimiento a los estudiantes cuando accedan a Internet.

ÍNDICE